RELIGION DE L'HUMANITÉ

l'Amour pour principe et l'Ordre pour base, le Progrès pour but.

DEUXIÈME LETTRE

à

M. F. BRUNETIÈRE

par

JUAN ENRIQUE LAGARRIGUE

———

SANTIAGO DU CHILI

47me Année de la Religion de l'Humanité

1905

DEUXIÈME LETTRE

À

M. F. BRUNETIÈRE

DEUXIÈME LETTRE

à

M. F. BRUNETIÈRE

par

JUAN ENRIQUE LAGARRIGUE

SANTIAGO DU CHILI

48ᵐᵉ Année de la Religion de l'Humanité

1902

SANTIAGO DE CHILE

—

IMPRENTA Y LIBRERIA ERCILLA

58—Bandera—58

Monsieur

F. BRUNETIÈRE

à Paris

Monsieur:

Il me semble que votre article sur Auguste Comte, dans la *Revue des Deux Mondes* du 1.er juin, vient confirmer l'influence toujours grandissante du Maître. Autant en Europe qu'en Amérique on l'étudie et on le vénère de plus en plus, et l'Orient même commence à l'apprécier. Jamais le génie humain n'avait revêtu la sublimité qui resplendit dans Auguste Comte. En lui se sont combinés, au plus haut point, la moralité et le savoir. On peut dire, sans exagérer, qu'il a sanctifié la science et rendu scientifique la sainteté. C'est comme si l'âme d'Aristote et celle de Saint-Paul se fussent réunies pour produire le réformateur suprême. Auguste Comte est, à la fois, le plus grand fils de la France et le plus grand fils de l'Humanité. Grâce à lui, votre noble patrie, ou plutôt Paris, doit régner sur le monde entier. Unies et heureuses par le positivisme, toutes les nations regarderont cette ville d'élite comme la métropole religieuse de notre planète. A la vérité, la gloire d'Auguste Comte s'identifie avec le bonheur universel. Mais de cette gloire participe son éternelle compagne. Le nom d'Auguste Comte ne peut, en effet, être séparé de celui de Clotilde de Vaux. Tous deux seront à jamais bénis ensemble, puisque c'est de leur saint lien qu'est née la doctrine altruiste.

Je ne puis, Monsieur, m'expliquer que vous preniez M. Herbert Spencer pour un disciple d'Auguste Comte, vu qu'il ne s'est pas donné pour tel, ayant même protesté de ce qu'on le qualifie de positiviste. Le fond de sa philosophie c'est de la métaphysique. Dans ses *Premiers principes* il affirme que le connaissable est la manifestation de de l'inconnaissable. Bien plus expressives à cet égard, sont les paroles de Saint-Paul, *le visible est la manifestation de l'invisible*, et d'ailleurs parfaitement

justifiables dans son temps. Mais, après
la grande évolution scientifique accomplie depuis l'apparition de l'incompa-
rable apôtre, vrai fondateur du catho-
licisme, c'est contre toute logique de sou-
tenir que l'inconnaissable soit une puis-
sante réalité d'où émane le connaissable. Auguste Comte n'a jamais pensé
de la sorte. Quoiqu'il établisse la réla-
tivité de nos connaissances, il ne sup-
pose nullement l'effectivité objective
du surnaturel. Au contraire, tout le
théologisme n'est pour notre Maître
qu'une création de l'esprit humain. Du
reste, tandis que M. Herbert Spencer,
dans son criterium métaphysique, as-
socie les religions par l'inconnaissable,
Auguste Comte, procédant avec criterium sociologique, les unifie par la fin
morale qu'elles se sont proposées. C'est
pourquoi il déclare qu'il n'y a, au fond,
qu'une seule religion, qui devait pren-
dre diverses formes transitoires, avant
d'atteindre sa forme définitive dans le
positivisme, où notre vie tout entière
se rattache toujours à l'Humanité.

A propos de la méthode, vous vous
imaginez, Monsieur, qu'Auguste Comte

en exclut le subjectivisme. Il a certes
constaté que c'est par la méthode objective que l'élaboration scientifique
s'est accomplie à tous égards. Mais une
fois qu'il eut fondé la sociologie, il ré-
généra la méthode subjective, et la
combina avec la méthode objective,
formant de leur ensemble la méthode
réellement positive. Voici comme, après
avoir fait une profonde étude du rôle
de la méthode objective, il s'exprime
dans son *Système de politique positive*,
vol. I, pag. 445: «La méthode objective
doit donc prévaloir autant dans l'ordre
dogmatique des connaissances réelles
que dans leur filiation historique. Elle
seule peut établir solidement le dogme
fondamental des lois naturelles, en ap-
préciant d'abord les cas les plus aptes
à manifester l'invariabilité des relations.
Si, au contraire, la méthode subjective
dut présider à notre enfance intellec-
tuelle, c'est uniquement d'après sa con-
venance exclusive envers la conception
des causes proprement dites, sur laquel-
le devaient se concentrer nos premiers
efforts. La simple opposition de ces
deux marches, suivant leurs destina-

tions caractéristiques, constitue la vraie
source générale de l'antagonisme radi-
cal entre la philosophie positive et la
philosophie théologique. »

« Mais cette immense lutte préliminaire, qui domina l'ensemble du passé,
est maintenant terminée, puisque le positivisme, enfin complet, constitue irrévocablement la seule religion normale.
Dès lors, il faut revenir sur l'exclusion
provisoire de la méthode subjective
par l'élaboration scientifique Car cette
marche possède, en elle-même, d'im-
muables propriétés, qui peuvent seules
compenser les inconvénients du mode
objectif. Notre constitution logique ne
saurait être complète et durable que
d'après une intime combinaison des
deux méthodes. Le passé ne nous auto-
rise nullement à les regarder comme
radicalement inconciliables, pourvu que
toutes deux soient systématiquement
régénérées, suivant leur commune des-
tination, à la fois mentale et morale. Il
serait tout aussi empirique d'attribuer
à la théologie un privilége exclusif envers la méthode subjective que d'y voir
la seule source de l'aptitude vraiment

religieuse. Si désormais la sociologie s'est pleinement emparée de ce dernier attribut, elle peut également s'approprier l'autre, d'après leur intime connexité.»

«Pour cela, il suffit que la méthode subjective, renonçant à la vaine recherche des causes, tende directement, comme la méthode objective, vers la seule découverte des lois, afin d'améliorer notre condition et notre nature. En un mot, il faut qu'elle devienne sociologique, au lieu de rester théologique. Or, cette transformation finale, auparavant impossible, résulte spontanément de la récente extension des théories positives à l'évolution fondamentale de l'Humanité.»

«En effet, cette conquête décisive termine enfin le régime provisoire de notre intelligence, et installe aussitôt son régime définitif. Jusqu'alors, l'esprit positif n'avait pu qu'élaborer instinctivement les matériaux, sans concevoir l'ensemble de l'édifice correspondant. Désormais, en reprenant, pour l'éducation dogmatique, ce préambule indispensable de l'évolution historique, sa marche deviendra pleinement rationnelle, d'après une constante appréciation de la construction finale qu'il doit préparer. La fondation de la sociologie permet à la méthode subjective d'acquérir enfin la positivité qui lui manquait, en nous plaçant irrévocablement au point de vue vraiment universel. Ainsi régénérée, cette méthode doit mieux développer son éminente aptitude exclusive à faire directement prévaloir la considération de l'ensemble, qui seul est pleinement réel. Sans son ascendant normal sur la méthode objective, celle-ci ne pourrait assez éviter les aberrations théoriques qui lui sont propres, soit par divagation, soit par illusion.»

«Notre vraie constitution logique résulte donc d'un concours définitif entre la méthode subjective et la méthode objective, respectivement consacrées à diriger l'esprit d'ensemble et l'esprit de détail, également indispensables à nos constructions réelles. C'est à la première qu'il appartient désormais d'instituer toujours la seconde, qui, en retour, améliorera sans cesse ses matériaux dogmatiques. Leur ensemble fonde la logique vraiment religieuse, qui consacre, en les régénérant, les deux voies opposées qui suivirent la théologie et la science pour préparer, chacune à sa manière, notre état définitif. Dans toute recherche ultérieure, le Grand-Être, enfin dégagé de ses divers précurseurs, posera directement chaque question, et instituera l'ensemble de la solution, en réservant l'élaboration à ses dignes organes individuels.»

«Je ne crains pas de citer ici mon exemple personnel, comme très-propre à éclaircir cette difficile appréciation. L'ensemble de mes travaux philosophiques confirme directement cette pleine conciliation finale entre la méthode objective et la méthode subjective, qui auront ainsi dirigé tour à tour mes deux élaborations principales. Dans mon traité fondamental, la première domine évidemment, au point de sembler tendre vers une prépondérance exclusive et irrévocable. Mais cet ascendant était alors conforme à la nature d'une opération philosophique où la saine analyse posait peu à peu les diverses bases essentielles d'une vraie synthèse. Ce premier travail aboutit enfin à permettre la régénération directe de la méthode subjective, par la fondation de la sociologie. Ainsi devenue aussi positive que l'autre, cette marche plus rationnelle préside maintenant à mon second grand ouvrage. Je l'y ai déjà employée souvent, soit dans le discours préliminaire, soit même dans ce chapitre pour systématiser davantage des conceptions dogmatiques qui d'abord émanèrent de la méthode objective. Cette explication directe de sa prépondérance normale me permettra désormais d'en mieux utiliser les hautes propriétés intellectuelles et morales. »

Pour se former une idée exacte de la pensée d'Auguste Comte sur la méthode, il faudrait méditer non seulement tout le chapitre de sa *Politique*, auquel appartiennent les paroles citées, mais encore la partie de sa *Synthèse subjective*, comprise sous l'épigraphe *Institution de la logique positive*, pag. 26. J'en extrais l'admirable définition: *Le concours normal des sentiments, des images et des signes, pour nous inspirer les conceptions qui conviennent à nos besoins moraux, intellectuels et physiques*. Rappelons aussi ce lumineux aphorisme du Maitre, qui enferme abstraitement la vraie marche de l'esprit humain: *Induire pour déduire, afin de construire.*

Vous reprochez, Monsieur, au XVIIIe siècle son insuffisance philosophique, mais oubliant d'en reconnaître les services. Auguste Comte, tout en rectifiant l'esprit négatif de cette époque, lui rend pleine justice. Les encyclopédistes dont le vrai chef fut l'illustre Diderot, si admiré por Goethe et que notre Maître tenait pour intrinsèquement supérieur à Bacon, ouvrirent la voie à la doctrine définitive. De leur grand labeur sort la Révolution Française qui fait table rase de l'ancien régime théologique, laissant le champ libre à l'apparition du positivisme. Ainsi Auguste Comte a rapporté son calendrier à cette crise mémorable. Mais une pareille ère ne doit être que provisoire, puisqu'il serait impropre, comme le dit le Maitre, qu' un événement révolutionnaire, quelque important qu'il ait été, restât le point de départ de l'ordre normal. Celui-ci ne saurait dignement se rattacher qu'à la fondation même de la Religion de l'Humanité. De là qu'Auguste Comte ait fixé comme ère normale l'année 1855, qui suit immédiatement celle de la terminaison du *Système de politique positive*, où la doctrine suprême est instituée. Or, attendu que, d'une part, l'esprit révolutionnaire se prolonge extrêmement, obstruant la régénération altruiste qu'il avait jadis preparée, et que, d'autre part, nous nous rapprochons du cinquantenaire de la Religion de l'Humanité, je considère très-approprié, que ce soit déjà à partir de sa complète institution qu'on mesure le temps.

Le calendrier positiviste ne vous plaît pas, Monsieur, à ce qu'il semble. Pourtant sa supériorité sur le calendrier catholique est incontestable. Dans celui-ci la division de l'année résulte très-imparfaite, les mois étant de longueurs diverses. Selon le calendrier positiviste, tous les mois, au nombre de treize, sont parfaitement égaux, chacun de quatre semaines exactes. Reste un jour complémentaire et, de plus, le jour bissextile, consacrés respectivement aux morts et aux saintes femmes. L'homogénéité du calendrier positiviste, outre sa valeur morale pour la régularité des souvenirs, a aussi sa valeur pratique pour l'expédition des affaires. Ce sont précisément les industriels qui protestent le plus contre l'inégalité des mois actuels. Au sujet de leurs noms, quoi de plus impropre, par exemple, que d'appeler, contradictoirement, septembre, octobre, novembre, décembre, le neuvième, le dixième, le onzième et le douzième mois. Si l'on regarde maintenant les commémorations du calendrier catholique, on en voit absolument exclus tous les grands hommes qui n'ont pas appartenu à la foi du moyen-âge. Quel contraste avec le calendrier positiviste qui glorifie tous les temps et tous les lieux. A soi seul cela suffirait à constater qu'Auguste Comte a fondé la Religion Universelle.

C'est pour vous, Monsieur, objet de doute que l'Humanité soit notre vrai Être Suprême. Toutefois, Auguste Comte nous en a révélé l'existence souveraine et son aptitude organique à tout régler socialement. Désormais l'Huma-

nité doit certes remplacer Dieu, dont
l'office moral est épuisé. Le monothé-
isme n'a, du reste, jamais été demontré,
quoiqu'il ait rendu évidemment de
grands services. Pascal convenait que la
raison seule ne pouvait rencontrer Dieu.
Kant a été jusqu'à prouver son indé-
montrabilité. Si, après avoir logique-
ment anéanti Dieu, dans sa *Critique
de la raison pure*, il le rétablit dans sa
Critique de la raison pratique, c'est qu'il
le croyait nécessaire pour cimenter la
morale. Cette inconséquence du philo-
sophe de Könisberg, fait honneur à son
cœur. Mais, puisqu'on possède maintenant, par révélation sociologique d'Auguste Comte, le soutien inébranlable
de l'Humanité pour consolider les de-
voirs, il faut cesser d'invoquer Dieu à
cet objet, d'autant plus que cette inso-
lide notion ne sert déjà qu'à exposer à
l'effondrement toute la moralité qu'on
y base. C'est dans la subordination
croissante de la personnalité à la socia-
bilité que consiste notre vrai perfec-
tionnement. Voilà le terrein propre à
la vertu et à la sainteté. L'homme a
commencé par être un serviteur de la

famille, passant ensuite à servir aussi la patrie, et s'élevant enfin jusqu'à l'Humanité, qui forme la trilogie de la moralité normale. Il est à désirer, pour l'installation de l'ordre définitif toujours d'accord avec le progrès, que toutes les natures vraiment sacerdotales veuillent bientôt préférer le positivisme au théologisme. On n'a besoin d'aucune rupture traditionnelle pour donner ce grand pas altruiste. Comme le dit Auguste Comte, le théologisme a été le précurseur indispensable du positivisme, les dieux et Dieu ayant préparé le règne éternel de l'Humanité.

En terminant votre article vous vous défendez, Monsieur, de vouloir utiliser le positivisme sans l'accepter. Vous invoquez, pour vous en justifier, le propre exemple de quelques soi-disant disciples d'Auguste Comte, qui ont tronqué sa doctrine, manque d'en saisir la cohérente structure. Je ne pense pas à vous objecter votre attitude, mais je me permettrai de souhaiter que vous réfléchissiez davantange sur le positivisme. Les difficultés qu'il vous offre encore s'évanouiraient, peut-être, par une plus longue étude. Puisque, sans adhérer à la foi altruiste, vous avez compris que la *Politique* d'Auguste Comte dépasse en importance sa *Philosophie*, l'ayant même soutenu contre de prétendus positivistes, ce serait une évolution logique, de votre part, d'atteindre jusqu'à une complète soumission au Maître. La Religion de l'Humanité n'admet pas des coupures, devant intégralement présider au bien-être universel sur notre planète.

Salut et Fraternité.

JUAN ENRIQUE LAGARRIGUE,
(Avenue du Brésil, 36)
né, à Valparaiso, le 26 Janvier 1862.

Santiago du Chili, le 25 Dante 48 (*)
(9 août 1902)

(*) Nous croyons obéir au vrai esprit du Maître en datant de l'ère normale, et non pas de la grande crise, parce que le mouvement révolutionnaire se prolonge trop, contrariant la réorganisation sociale et morale. Il nous semble aussi qu'en nous rattachant à la fondation de notre doctrine, nous nous occuperons mieux de la servir. D'ailleurs le siècle exceptionnel devait finir, d'après le vœu d'Auguste Comte, en 1869, et il ne nous paraît pas prudent d'autoriser, pour ainsi dire, son déplorable allongement, en conservant encore la date révolutionnaire. Puissent tous les positivistes se persuader que déjà il convient de recourir à l'ère normale pour renforcer le mouvement religieux.